BALÉ DAS EMOÇÕES

Geni Guimarães

BALÉ DAS EMOÇÕES

malê

Todos os direitos desta edição reservados à
Malê Editora e Produtora Cultural Ltda.
Direção: Francisco Jorge & Vagner Amaro

Balé das emoções
ISBN: 978-65-87746-43-2
Capa: Dandarra de Santana
Diagramação: Maristela Meneghetti
Edição: Vagner Amaro
Revisão: Maycon Silva Aguiar

Texto revisado segundo o novo Acordo Ortográfico da Língua Portuguesa.
Proibida a reprodução, no todo, ou em parte, através de quaisquer meios.

Dados internacionais de catalogação na publicação (CIP)
Vagner Amaro – Bibliotecário - CRB-7/5224

G963b	Guimarães, Geni
	Balé das emoções / Geni Guimarães.
	Rio de Janeiro: Malê, 2021.
	92 p.; 19 cm
	ISBN 978-65-87746-43-2
	1. Poesia Brasileira 2. Literatura brasileira I. Título
	CDD B869.1

Índice para catálogo sistemático: I. Poesia: Literatura brasileira B869.1

2021
Editora Malê
Rua do Acre, 83, sala 202, Centro, Rio de Janeiro, RJ
contato@editoramale.com.br
www.editoramale.com.br

Para Sebastiana Rosa Mariano,
minha mãe:
pelo útero,
pelo leite,
pela fé,
pela paz,
pela esperança,
por esta herança poética que transcende.

"Devemos escrever o que somos de tal maneira, e com tamanha autenticidade, que se um dia alguém cravar um punhal em uma de nossas frases, sinta nos dedos, a cor do nosso sangue".
Paulo Bonfim

Sumário

Prevenção 13
Sobre Natural 14
Canto do Apelo 16
Fenda 17
Perspectiva 18
Momento Afeto 21
Explosão 22
Vitamina 24
Profecia pagã 26
Costura 28
Foto 29
Matadouro 30
Parto sem Dor 31
Um Homem na Estação 32
Terrena 34
Pagã 36
Conivência 37
Canção Noturna 38
Natural mente 39

Metamorfose 40
Desprevenção 41
Conchavos..42
Sutil..43
Férias..44
Visão de Nós...45
Infância Acesa 46
Condição..48
Minha Mãe..49
Notícias..51
Redenção 53
Explicação..54
Causas...55
Poema do Alertar...56
Queda do Pássaro...58
Desejo...60
Lembranças...61
Estado de Graça..63
Leveza...64
Conselho..65
Caminhos do Sol..66
Pouso...68
Nudez..69
Magia Negra..70
Recado do Meu Pai..71
Tatuagem..73

Visão de Mim	74
Hétero	75
Ilusão	76
Nova Ordem	77
Apelo	79
Recado	80
Virtual	81
Porta-joia	82
Ápice	83
Passeio	85
Pátria armada	86
Trato	87
Lascivo	88
Plantio	89
Vivência	90
BIOGRAFIA	91

Prevenção

Cautela!
Os cristais deste planeta
oscilam.
Ali, os superman, acocorados,
aguardam o coma da nossa flacidez.
Querem beber
a lucidez do nosso carma enfraquecido.

Sobre Natural

Zumbita o vento manco de saudades.
A cortina dança um frevo e grita.
O dia, trêmulo, abre o beco da noite.
Escapole, feito pomba sem frio.

Tenho choros, mas rio.
Saio do suco dos anos e pulo em afetos miúdos,
como polpa da uva.
O meio se ambienta.
O gozador gargalha.
A lágrima servil atende: nasce!
A vida é chuva.

Vem para o evento
um temporal de gnomos, de módulos e de duendes.
Pragas e sortes antigas
me estalam de dentro
e me trazem, em celofane,
    Drummonds, Vinicius, Meirelles, Cabrais,

Sino e Cruz.
Derramo-os na xícara de emoção
que jaz na mesa.

Canto do Apelo

Vem ver este som aleijado
que se fez quando não fiquei.
Traz de volta (se vieres) um condão
e me desenha novamente.

Vem ouvir estes olhos em berros,
que o meu canário feriu, em decadência.
Traz um verbo-colírio em conta-gotas verde
e me sara do delírio em outras bocas.

Traz os tempos de outrora,
a fé que dormita fora de mim.
Embrulha, em seda, o pólen da esperança ressequida
(pó).
Ou nada. Vem nu, como a dor (e fica).
Só.

Fenda

Bem que eu queria,
a viva voz,
anunciar-te o meu amor
e colocar, na mesa dos teus braços,
o meu destino.
Mas a timidez prende-me aos gestos
do profundo apreço,
Congela-me os movimentos,
embaraça-me as palavras.
Meu desejo se amedronta.
Emudeço.

Perspectiva

Haveremos
de, com nossos guizos bailarinos,
refazer esta casa.
Novamente, atearemos luz ao sol,
o deixaremos limpo desse excesso de sombras.

Sem cansaço, sem pressa,
com pincéis cristalinos, ovularemos músicas,
e as aves cantarão, conosco,
o som eterno dos fazedores de contos.

Havemos, ainda,
de, com asas e com ritmos,
tornar possíveis a ressureição dos mares
e a reconstrução de altares
em que a vida se entenda vivida.

Nossas graves utopias a desenho de sonhos
magicarão um ser/riso, um ser/beijo cristalino
cuja função primária

seja a feitura de um cutelo de arco-íris,
para cingir (ou podar)
as andanças dos homens de puro ferro.
Hora de visita

Um presente na mão, um sorriso amarelo.

Se chega, me abraça.
Me beija e se explica,
como se a ausência tivesse explicação.

Se instala, sorrindo,
como se valesse sorrir depois da hora.

Descortina meu dia,
põe-me cores nos olhos,
põe-me riso na boca
e me planta-me rosas nos tendões dos pés.

Sorri de mentira,
e a carência bebe o riso mentiroso.

E, quando
estiver de volta, se voltar,
e o ar se condensar,
na ausência da vida,

me perderei no espaço,
Desaparecerei (porque preciso)
espero
até vê-lo de novo:
um presente na mão,
um sorriso amarelo.

Momento Afeto

Age o tato
no meio corpo baço
das perguntas nos dedos,
e eu, brinquedo,
perco o pudor de
que o meu amor
precisa.

Sou frágil e lisa
como as plantas das ilhas.

Mas não sou alguém que pode
resistir ao verbo sussurrando.
O toque prevalece,
e a força que me tece
explode:
não um grito ou um gemido,
mas apenas um sopro no talco sobre a mesa.

Explosão

Na mão, um guizo,
como uma berinjela de meia idade;
e, no peito, um sino.
no coração, sempre um baralho
de jogos infantis.
Na cabeça, um chocalho
afogado.

Uma réstia de fitas de flanela
na cintura.
No antebraço, um laço de cetim
cor de mostarda.

nunca falou –
e ninguém soube nunca –
da emoção bastarda que o levava.

Mas, no dia
em que tirou do peito o sino
e o derramou sobre a calçada,

os sons se revoltaram.
Os bichos deixaram suas tocas
e, em procissão,
vieram, então,
assistir ao passar daquele homem.

Vitamina

A gente se precisa,
que a brisa é sempre sobremesa.
Tenhamos a certeza
que nem só de pão.

Coração também tem frio,
e, embora corra o rio
sobre o leito,
há dias em que o jeito
é ser nascente.

Nem sempre é verão.
Sejamos tácitos, que o tempo
trabalha, irreversível,
nos nervos doutras gentes (e nos nossos).

É preciso deixar
que o claro do lençol
se pense intransponível
e perecível à secular espera.

Sejamos tácitos.
Não cairá dos céus
a justiça prometida aos maus aventurados.
De nós é que virão unguentos
para a cura dos corpos machucados.

Profecia pagã

A ciência da lerdeza
cutuca a paciência dos que tremem.
Fremem, cá perto,
fagulhas aleijadas do extinto fogo.
A insensatez tão velha de adolescência
costura a tese e recria o jogo.

Não que eu goste ou queira,
mas a peneira já se fura, e não há cura
para os rombos do peito.
Dos matagais de nós,
surgirão, aos montes,
as agonias de todos os horizontes,
que arrancaram do sol.

A indigestão
trará o pão para as barrigas rasgadas,
e os maus que te vão, vis,
falarão idiomas amortalhados.

Teremos que calar nossa apatia
e assistir à missa quase santa
dos nossos donos.
Não haverá sanha que nos livre
do nosso esquecimento.

Seremos cães de fila,
ladrando baixo, com
nosso coma atravessado na garganta.

Costura

Chove cá dentro,
e eu, fora,
apresso esta demora
do poema.

Enquanto queima,
teço um rosário sem dedos,
para prender o medo
do embutido.

Se sou daqui, esqueço-me
do que careço,
do planeta, que me luz
me vem?

Além
da visão manquitola dos sem-fim,
evapora a nublação,
e grafo o calabouço seco que há em mim.

Foto

Curta como o ato
desliza a lesma.
A pedra sustenta
o escrever de prata na superfície lisa.

(A pedra entende a lentidão dos passos.)
E, pesada de sequelas,
geme e para.
A vida é curta e rara.
Nada mais...
jaz,
como todo vidro que se quebra,
no seu trilho
de escritas frágeis sobre a pedra.

Matadouro

Como quem já foi,
cabisbaixo e lento,
caminha o boi.
Rumina a sina e
engole o pensamento.

Lacrimeja o suor purulento da retina.
Já conheço a lenda
e comungo a sorte:
vou com ele,
submissa, nos caminhos da morte.

De bicho, sei que já tomei
muito leire de garrote,
e isso não me espanta.

Já fui o punho, o alvo.
Sei dos gritos que explodem o coma desse boi.

Parto sem Dor

Que se pintem, de lilás,
todos os cantos da terra.
Que se escondam os devedores
e os credores... atentos!

Anuncia-te, no sigilo do dia,
a ressureição.
Desprende da placenta
a inovação dos tempos.

    Causa e efeito

Quem foi, um dia, cedro
nada tem a temer,
que caule que é mesmo caule
resiste.
    Se não...

Fecha os olhos
e abra a boca,
que o verso é, sempre, um dedo em riste.

Um Homem na Estação

Piuuuuuuuiii...
                Piuuuuuuuiii...
                              Piuuuuuuuiii...
                       Pi.
Abocanha, engole,
escorre,
            dura, mole,
                      homem vesgo,
                                cochila,
                                          se desculpa,
dorme.
                                              Piuuuuuuuiii...
                              Piuuuuuuiii...
                Piuuuuuuuiii...
                              Pi.
Pinga
      suco
            gruda
                    amassa.

Reposto, se toca:
busca riso na boca,
pupila nos dedos,
gengiva nos dentes.
                      Balança:
lucro... prejuízo... ganho...
          Nada.
      Estanho.

Terrena

Meu céu é esta terra em que meu filho,
imberbe, brinca de atleta e sorri,
mostrando o limpo dos dentes,
e, ante a ereção do pênis,
se acredita homem.

Nesta terra, meus pulsos latejam
as águas mornas dos rios
e filtram o sangue do barro
de enxurradas que não chovi.

Apesar de tudo, sou daqui,
e a ousadia, arisca,
modela desejos grossos
nas babas ralas dos invejosos.

Nem cloro nem vírus.
Sou como todos: abelha,
enroscada de hinos pátrios,
para escorrer a vergonha.

Implícita,
O caracol de ser me especula
em cacos metafóricos.
Mas sou terráquea (densa e lisa),
portanto
bebo a busca extraviada
que salta das florestas dos buracos.

Pagã

Chegaste,
e eu, que estava haste sem folhas,
curvei-me.
Partiste
e me ensinaste
que o destino da haste
é se curvar.

Conivência

Suporta-se o verbo na garganta,
a inércia de canos entupidos,
as labaredas dentro dos barris,
o cuidado com as cinzas
e o perigo sempre escrito
no gelo e na paciência dos gestos.

Os elos, todos, ringem.
Alerta, a necessidade fica pênsil.
Ninguém manda, e ninguém faz,
e, por incrível que pareça,
a porta está aberta.

Canção Noturna

A vida beija e bebe
a lágrima das ruas.
Há muito singular noutro silêncio,
em que a coerência já me prende o riso...

... E há tanta carência nesta boca, que gaguejo!

Além do mais,
o pensamento está nas praias velhas,
e a tristeza é nave agora
      (tenho fome!).
Preciso de um grito, de um assovio,
mas o silêncio me ignora
e dorme.

Cá dentro, no entanto,
tilintam vidros, e gemem guizos,
rejeitados.
Faço deste silêncio um labirinto
e brinco de esconder as coisas de que preciso.

Natural mente

O cosmo ri em gosma
e lira baba um risco,
e o petisco é ser poeta.

Na língua seca,
o verde mentiroso berra.
No dorso colossal da "minha quimera",
o pintor pinta,
e a tinta seca a veia na pele de cada um.

O pique natural,
empanado em coca e sal,
estrebucha.
Pare-se o homem.

Tudo recomeça:
o cosmo gosma,
a lira e o risco,
o secar da veia ,
e Deus aguenta.

Metamorfose

Tudo se transforma,
pois que tudo se recria.
Suportamos, então, a eterna anomalia
de ser seiva bruta
neste corpo de gente.

Desprevenção

Não foi nada,
apenas quebrou o bico do pássaro,
e, por acaso,
o filtro não jorrou.

Quando o silêncio gritou,
a porta, outrora aberta,
de susto, fechou-se.

A meteorologia,
alheia à fraqueza dos seres,
anunciou zero grau,
e nós, carneiro nus,
pedimos lã.

Como vês,
não é possível andar sobre esses trilhos,
que nenhum andarilho
suporta, a olho nu,
fenômenos tantos.
Por isso é que estamos mancos.

Conchavos

Quando vieres oferecer-me uísque,
aproveita o dedo que segura a taça
e me indica a porta, disfarçadamente.
Eu, consciente
do direito a festas
(inclusive, da comemorada no mês de maio),
bebo. E não saio.

Sutil

Como o vento, incolor;
como a água, insípida;
como o ar, inodoro.

Sem cor;
sem gosto;
sem cheiro.

Mas,
porque o vento vem no dorso do ar,
e a água dança quando venta,
o moinho mói o sólido aguaventar.
Satisfaço o sutil.
Onde dói esta dor de menino acuado?

Férias

Hoje, repouso:
nada de compromissos
com a rotina.
Estou ecologicamente sensível
para a sensibilidade
natural.

Fico, aqui,
de preguiça e com desvontade.
Que o sol me arda
no coração em festa!

Quero sono
para escrever um verso
no olho quase aberto
da formiga que ejacula
e dá um passo zonzo
depois do prazer.

Visão de Nós

Dá milho para o pinto
e aperta o pescoço da galinha.
Apoia o ancião na caminhada
e esmaga o feto que germina.

Dá asilo ao cego
e maconha pro menino.
Critica fraudes,
rouba bancos
e esconde o sino.

Promete o mundo
e esconde fundos, seus vinténs.
Cria artigos que nos cercam,
revê as leis que te convêm
e anuncia.
E, a nós, amém.

Infância Acesa

De manhã, café minguado,
branquinho, morno, cansado
saltava do velho bule.
Me apossava da brochura.
pés na estrada, terra dura,
ia para a escola estudar.

Meninos fortes, bonitos,
barrigas fartas, redondas,
cortina alvas, em pompas,
me mentiam um mundo novo
e me iludiam com igualdades sonhadas.

Uma carteira envernizada,
sutilmente, me encurralava
nos desejos de senhores.
Minha caixa com seis lápis
se escondia, envergonhada,
ante outras caixas compridas:
trinta e seis lápis de cores.

E, à tarde,
de volta a casa,
vendo meu jantar no canto
do fogão movido à brasa,
adivinhando meu pai
rachando a lenha pro fogo,
pés descalços,
chapéu roto,
eu não sabia por que
vinha um doer tão profundo,
que o meu peito se estreitava.
Sentia um desejo louco
de pegar aquelas brasas
e de botar fogo no mundo.

Condição

Se podes aguentar meu desejo de justiça,
ouvir o meu grito de silêncio e
entender que a minha alma
não pode, sempre, aturar a calma deste tempo;

se, sobretudo, meu aroma de África
te for agradável e, no toque
não te causar arrepios;
se puderes agasalhar meu frio secular;
se, em ti, couber meus lábios grossos,
vem.
Vem, que eu invento um modo doce e lento
pra gente ser feliz.
Minha quizomba será a nossa eleita.
Poderemos fazer a mesma ceia
e quebrar essa corrente de tronos e de vergonhas.
Haveremos, então, de sermos justos, e belos, e bons.
Supriremos de querer as nossas vidas
e encheremos de luz o vítreo vaso da existência humana.

Minha Mãe

Gosto da inocência dela:
benze crianças,
faz simpatias,
reza sorrindo,
chora rezando.

Apanha rosas,
apara os espinhos,
coloca-as nas mãos
de meninos doentinhos.

Conta histórias longas
de negros perdidos
nas matas cerradas
dos chãos do país.

Ama todo mundo
e se acredita amada.
Diz que a ida à lua
é conto de fadas.

Gosto da inocência dela:
crê na independência,
e é tanta a inocência,
que, até hoje, pensa
que acabou a escravidão.

Notícias

Aqui, amor, vai tudo bem.
É manhã, bela manhã,
destas que nos põem certo frio no peito.
Tem orvalhos nas folhas,
E o sol nasce quente, do mesmo jeito.

Meu jardim, que já conheces,
te aguarda como sempre. Espera
borboletas solitárias e sonâmbulas
para formar ramalhetes.

O padeiro está por vir,
e o caminhão da faxina já passou.
Tem pardais cumprimentando o dia
ou festejando a noite que se findou.

Na calçada, as crianças, sonolentas,
expõem as caras lambuzadas de manteiga.
Passa um jovem a caminho do trabalho,
cantando, embevecido, uma música sertaneja.

Ah! O gás está chegando.
Aqui, termino. Chi! O telefone toca!
Abraços. Venha, que eu espanto as borboletas
Pra gente ficar se amando.

Redenção

Somos aqueles que já não vemos
(e que, talvez, nunca vimos)
nas nossas sequências modificadas.

Explicação

Não sou racista.
Sou doída, é verdade.
Tenho choros, confesso.
Não vos alerto por represália
nem vos cobro meus direitos por vinganças.
Só quero
banir de nossos peitos
esta gosma hereditária e triste
que muito me magoa
e que tanto te envergonha.

Causas

A negação dos passos,
o abafar dos sons nos nossos ouvidos,
o esconder das bombas detonadas
que nos colocam em prédios partidos
encaixam nossas dores
entre a voz e o silêncio da humanidade.

Poema do Alertar

Quem, quando criança,
não nadou num rio,
não quebrou vidraças,
não roubou laranjas,
não fez perguntas imbecis aos pais,

quando adolescente,
não se deitou sem sono
para possuir, em sonhos,
a pessoa amada
e, acima de tudo, não perdeu um amor,

quando homem feito,
não teve fases tristes,
não se culpou pelo que fez
ou nada fez,
não sentiu o prazer de, no amor, sentir prazer,

e quando na velhice,
não tiver em um cofre de lembranças:

safadezas,
um amor,
um sonho,
um amigo,
nenhum detalhe de passagem para contar?

Não verá, na partida,
razão de ter estado
nem tampouco, razão para querer ficar.

Queda do Pássaro

O vento morno do entardecer
lhe tange o corpo mole,
faz-lhe cócegas nas asas enfraquecidas.
Vai caindo devagar,
sem susto,
sem medo,
sem luta.

Parece-me que tem
todas as curvas das asas carcomidas.

Vem descendo, leve e frágil.
pia, anêmico, num gesto incolor.
Não busca defesa
em tenta, como outros, alçar o voo.

Cai como subiu,
sem pressa,
sem gemidos,

sem lamentos.
E jaz, agora, na ramagem das ervas.

Comungo com ele,
pois sei de sua sorte:
morre da dor singular de ser sozinho.

Desejo

Pousar
de leve, em teu pescoço, a minha mão
e contar carneirinhos em tua nuca.
Botar a alma para dormir
aos pés dos teus cabelos.

Trilhar-te, passo a passo,
como se soltasse as mãos sobre pianos,
e, após o efeito do néctar que aspiro,
dormir.
Ser recheio desta concha-você.

Lembranças

Banhávamos os corpos nas águas sujas dos rios.

Vigiávamos os ninhos dos pardais
e ninávamos os filhos pequeninos.
Quase tocávamos o céu azuladinho,
acima dos gigantes laranjais.

Quantas vezes arranquei a unha do dedão
nas corridas loucas
pelas terras sem limites?

Mas os livros dos meus confins,
falantes das línguas dos meus mestres,
lesaram meus direitos, e os meus testes
perderam a validade ante o progresso.

Eis-me aqui, intelectualizada,
A discutir Camões, Drummond, Meirelles,
Cuti, Oswaldo, Colina, Semog, Graciliano
e outros grandes que não me chegam agora.

Também aceito e até me envaideço
ao ser recheio das elites intelectuais,
mas, quando me interpreto e me discuto,
sou tomada, toda, de um imenso frio.

Onde está a minha terra sem limites?
Onde ficou o leito do meu rio?
Por onde andarão os meus filhotes de pardais?

Estado de Graça

Hoje, amanheci em estado de graça.
Estou grávida do sol e vou dar à luz o dia.
Tenho sede de festas
e de sons de orquestras
soando no peito.

Trago cheiro de rosas nas solas dos pés.
Margaridas me nascem na palma da mão.
Um beija-flor me beija o ventre,
e sou quente
de poemas desabrochados.

Hoje, estou, simplesmente, em gestação de amor.

E se, por acaso, chegar agora,
quando a alegria sem fim se me aflora,
explodirei.
Meus fragmentos vão virar arco-íris
e colorir a vida pela vida afora.

Leveza

Fechou os olhos,
afastou a carne,
separou os ossos,
pôs o próprio pulmão
sobre a mesa.

Depois, o coração
e umas tripas finas vieram,
enroscadas no braço do violão.

E, quando contemplava, sobre a mesa, as vísceras
meadas de ruídos musicais,
sentiu fome.
Ao notar o estômago na alma,
se alimentou dum verso e flutuou.

Conselho

Quem estanca o sangue
que escorreu?
Quem sutura a língua e a boca
arrancadas no meio da fala?

Quem devolve o feto primeiro
da esperança trabalhada?
Quem resgata o tempo
e anula a doença
que comeu a saúde da África?

Não perca tempo.
Não me procure para anular delitos,
que não posso nem quero
agasalhar memórias.
Não vou velar insônia de ninguém.

Caminhos do Sol

Oba! Lá vem o sol,
de braços compridos,
com pernas esticadas,
com boca vermelha e com barriga estufada.

Olha o sol vasculhando a cabeça da terra!

Lá vem ele, fazendo careta na copa das árvores,
rasgando, aos risos, as flores com os dentes.
Vem, estafado, matreiro, feliz,
fecundar a criança no bojo da semente.

Olha o sol passando verniz na lona do circo!

Olha aí! Lá vem, bravio feito bicho,
espantando a chuva, empurrando o vento,
vendo a cara das coisas pequenas,
tirando máscaras e panos quentes.

                    Nossa!
Pousa, agora, no livro de registros,
de balanças, de duplicatas, de títulos.
Esquivo, pega uns óculos,
olha pouco e se dirige,
buscando (ainda esquivo), à porta da cozinha.

                              Xi...
Lá vai ele, tapando o rosto com todas as mãos.

Pouso

Absorto no espaço,
o olho é uma lança de algodão.
O amor segue o trilho da veia,
e o passo zonzeia na mão.

    O desejo, em passeios desvairados,
    tanto se eleva que tritura as nuvens.
    A natureza, excitada, se cascata
    e ri em gotas.

        Todo passo é lento,
        toda vontade é pouca.
        O prazer, já forro,
        se aninha, em febre,
        na mornidez da boca.

Nudez

Em pé, na paineira, goza a sombra.
Às três horas, talvez, o sol volta,
brilha, e a terra seca geme,
cautelando denúncias e revoltas.

Sorve, devagar (como quem respira),
da mamadeira, o conteúdo magro.
Carapinha luzente, corpo nu,
passa a certeza de que espera um afago.

Depois, cochila. Da boca sem governo,
o líquido escorre. Ganha espaço feito colibri,
tece estradas pelo peito, vence curvas, salta o umbigo
e vira goteira na ponta do pipi.

Magia Negra

O clima é brisa.
Partículas cristalinas
baleiam.
As emoções são centopeias que se alinham.

O amor, ingrediente
da bola que nos enrola,
canta e ri,
dorme e sonha
o depois.

Me molho de ternura vergonhosa.

O dedo indicador do meu desejo
fura o muro,
rompe o cerco
e anula a coerência à qual me agarro
pra não morrer de ti.

Somos um, e ninguém vê.
                        Nem nós.

Recado do Meu Pai

Quando
me obrigava a tomar o caminho da escola,
para eu me instruir,
me impunha perseverança, para eu insistir.
Imaginei-o teimoso e recalcado.

Quando
recomendava cautela
nas estradas,
me fazia ter dois olhos no rosto e, na nuca, mais um.
Imaginei-o medroso, desconfiado.

Ao ouvir a leitura dos meus versos
e ao sorrir sem dizer nada,
eu o julguei inculto e pobre, incapaz de entender meu
canto rico de infância e de agonia.

Só hoje, entendo:
queria me ensinar que esta vida

é muito mais do que isto. É tudo aquilo.
Que não me contentasse com isto,
que tomasse o aquilo que me completa.

Que eu não só quisesse,
mas que buscasse.
Que eu tivesse muito mais
do que teve.
Que eu fosse muito mais
do que pôde ser.

Tatuagem

Gosto muito
desta história feita
na folha de papel,
absorvendo tintas.

        Quero muito
        o sutil da batalha
        entrincheirada e viva
        na alma viva do poema necessário.

Porém, mais gosto
do sigiloso verso
esboçado em nossos corpos,
grafado no imutável verbo dos sentidos.

Visão de Mim

Plantei árvores
e, poeta, fiz poemas redondos.
Do ventre,
extraí minhas raízes
saudáveis de negrume e de altivez.
No entanto,
o acabado me indefine,
e o gosto do que fiz
me incompleta.
Sou inacabada,
até que a morte me separe.

Hétero

Me fizeram mulher
quando ainda era menino.
Por isso, estes ombros estreitos;
este nó na garganta;
este peito másculo,
pingando, sempre, um leite transparente.

Ilusão

Claro,
límpido, etéreo,
superior,
celeste...
Que peste é essa
que nos entope de irrealidade
e nos ilude com sonhos impossíveis?

Nova Ordem

Deixai, para a enxurrada,
o destino de existir
após a queda da chuva;
e, para o trigo,
deixai a profecia de ser pão.

Aos transversais,
dai a curva simples
de simples semirretas
e as frestas dos porões.
Dai apenas semivogais sonoras.

Embora o suor de todos os frutos
já salgue o desejo de cavar,
plantai.
O que faço é ar, somente ar,
que, de pronto, respiro,
para derramar em mim,
como caldas sobre manjares.

Embora tenha eu a graça
de fruir,
só sei edificar, nos sólidos,
a certeza de vácuo.

Apelo

Deixa-me assim mesmo.
Desde sempre, carrego um olho vesgo
na testa e um dedo sem unhas
atrás da orelha.

Me é leve este jeito.
Acostumei-me a ter um osso liquefeito
no hemisfério sul do coração.

E este pulmão de pelúcia
tão singular é meu.
Não me esforcei, nunca,
para alcançar a descoberta terapêutica das coisas.
Sinto,
amo,
bebo e como a vida com meu molde
esquisito e com meu sangue amarelo.
Deixa-me ser este adereço antigo.
Por que razão tenho de ser de ferro?

Recado

Fica assim:
não expliquemos nada
sobre essa vaga luz que te alumia
e sobre esta apatia que me abraça
nas conclusões de nós.

Ao errante,
cabe baixar-se e ingerir
a ordem dos coerentes.

Nada faça dos desenhos
tatuados nos suores internos
de nossa ousadia.
É inútil buscar gestos e palavras
que, aos olhos dos juízes,
justifiquem este nosso peso de sermos pena.

Não nos debatamos:
guardar-nos-emos
para a ressureição de alegria
de nossos fardos de sermos felizes em solidão.

Virtual

Há dias em que me chegam
estranhos passos,
estranhos pensamentos,
estranhos gostos na boca.

E, no rosto, há dias
em que a retinez latente
toma feições de outras gentes,
e eu sou cinza.

Nessas horas desses dias,
Engasgo-me com a agonia
de ser síntese.
Sou meu elo
e minha disputa comigo.
Em cada pé, um calçado
me matiza os sabores
de desgostos de outras bocas.
Pinga-me o azeite das mamas,
e a chama que me inflama
anuncia o veredicto: louca.

Porta-joia

Quebrou-se a mão
que, até então, levava o sonho para o berço.
As estrelas que trazia
se partiram na queda
(por isso, os fragmentos prateados sob os seus pés).

Desrotinou-se a festa
do astro na sua última grandeza,
e a certeza de que era doce,
hoje, não trouxe
o movimento que deu asa à vida.

Ápice

Quando olhar de frente meu
pecado de ser nota musical escrita
e não mais emitir exclamações de júbilo
ante o espelho que espelha
um verso inédito e adolescente de neblinas.

Aí sim, poderei desta feita,
olhar, com indiferença, as lesões irreverentes
das minhas quebraduras singulares.
Nesse tempo, então,
olharei, sem asco,
o arrumar das máquinas sobre os trilhos.

Estarei contextualizada
(inserida na passagem, observando a massa,
como um suflê de caramelos e de pimentas).
indiferente às luzes, aos pactos e aos comparsas,
perderei a glória dos vitrais que se partem em
todas as noites de sol.

Coagular-se-á, em mim,
a dor áspera que esfola esta retina
de quem se move graças à utopia verdadeira
da vida.
Dormirei sem convulsões,
e os meus brasões serão comuns,
naturais, retos e curtos
como o desejo dos homens.

Passeio

Vem passear em mim
de novo,
lançar-me a asa
em brasa,
desde sempre a querer
a prisão que vem de ti.

Vem se fazer mar
no mar de mim
e, assim,
salivar o ar
do meu corpo
(fogo e sufoco),
que há de nos arder
até sempre, antes e depois
da primeira estrela em brilho de nós dois.

Pátria armada

Na eira da calçada,
tem um pé de primavera
que espalha pétalas
e tece tapetes para os pés dos transeuntes.

E os meninos endiabrados
que saem da escola às onze e trinta
amputam os seus braços
e, deles, fazem animais de montaria.

Vão os galhos travestidos
      dar trotes,
           pinotes,
                relinchos.

E a primavera besta,
      bruta,
        sai, pátria afora,
        viva/morta,
esqueleto verde claro possuído do espírito de cavalo,
varre a rua poluída de dejetos e de meninos.

Trato

Lacrar a língua,
lapidar o leito,
ler o livro lúgubre sem desespero.

Proteger, serenamente,
o sêmen da semente, escondido em tudo.

Mentalizar hora e minuto
em que a lâmina
se transformou em flâmula
e tremulou no pico de nós.

Rapidamente,
diluir o embrido da morte
e montar (com outros reis)
o estatuto de prosperidade.

Lascivo

Andou sob as nuvens,
e houve dias
em que, de hálito veranesco,
cingiu todas as geleiras de plantão.

De bruma e de brisa,
se fez,
pôs a mesa, embebedocicou-se.
Tinto e doce,
foi quem trouxe
a paz,
que dá pluma e,
em mim, arruma a leveza da levitação.

Plantio

Neste tempo empanado de ácido
e de açúcar refinado,
pouco bebo,
mas, com suco e com ervas frescas,
eu, cá dentro, preparo a sobremesa.
Faço somente umedecer com meu unguento
os que gastam de mel.
Desse arsenal de bronze e de violetas,
vem o fruto que semeio,
fértil e faminto.
Meu colibri se chega
e, sob minha mesa,
entoa a sinfonia mística de todas as infâncias.
Tomo. De meu hálito condensado, caem palavras.

Vivência

De sobre nós,
despencará uma gosma antiga e malcheirosa,
que rolará, lenta e grossa,
para os esgotos da terra.

No universo limpo,
traçaremos nossa rota segundo os desejos dos
sonhadores.
Sondaremos planos edificados
sobre rochas ocultas e lavraremos planícies
esquecidas apelidadas de terrenos baldios.
Desataremos o laço
que amarrou nossos anseios no topo dos palácios,
e o fenômeno abaterá,
sem piedade, os que pecaram e, incautos,
perderam a química da decantada gosma.
Nenhuma pedra, nenhum bicho, nenhum homem
poderá algemar-se, invisível, a
nossos cometas alados.

BIOGRAFIA

Geni Mariano Guimarães nasceu numa fazenda chamada Vilas Boas (hoje, Santa Tereza) no município de São Manuel, no estado de São Paulo. Quando tinha cinco anos de idade, seus pais se mudaram para outra fazenda (Santana), em Barra Bonita, onde reside até hoje, exercendo a profissão de professora. Antes de frequentar a escola oficial e, portanto, sem domínio de símbolos gráficos, "lia" poesias e histórias em revistas, jornais, gibis etc. Publicou seus primeiros trabalhos nos jornais da região.
Participa de eventos literários decisivos nas transformações históricas, como bienais, congressos, assembleias etc. Acredita que todo e qualquer cidadão tem o dever de atuar nos processos sociais, políticos e culturais do país, dada a capacidade que todo homem tem de exercitar seus direitos.
O ato de escrever é o veículo que o homem tem para exteriorizar seu sentimento de gente ante a visão do mundo. Paralelamente ao prazer de registrar, esse ato cumpre, com o instrumento que tem, seus direitos e seus deveres: exigir, denunciar, dividir, multiplicar, mesmo fazendo parte de um contexto inundado de miséria e de tanta injustiça social.
(texto da edição de 1993)

Esta obra foi composta e Arno Pro Light 13 e impressa na Gráfica PSI em papel pólen bold 90, para a Editora Malê em julho de 2021.